Todos los libros de Linkgua Ediciones cuentan con modelos de Inteligencia Artificial entrenados por hispanistas. Pregúntale al chat de tu libro lo que desees acerca de la obra o su autor/a.

Para ebooks: Accede a nuestro modelo de IA a través de un enlace.

Para libros impresos: Escanea el código QR de la portada con tu dispositivo móvil.

Obtén análisis detallados de nuestros libros, resúmenes, respuestas a tus preguntas y accede a nuestras ediciones críticas generativas para una experiencia de lectura más enriquecedora.
La transparencia y el respeto hacia la autoría de las fuentes utilizadas son distintivos básicos de nuestro proyecto. Por ello, las respuestas ofrecen, mediante un sistema de citas, las fuentes con las que han sido elaboradas.

Gonzalo de Berceo

Vida de santa Oria

Barcelona 2025
Linkgua-ediciones.com

Créditos

Título original: Vida de santa Oria.

© 2025, Red ediciones S.L.

e-mail: info@linkgua.com

Diseño de cubierta: Michel Mallard.

ISBN rústica ilustrada: 978-84-9007-993-5.
ISBN ebook: 978-84-9897-821-6.

Sumario

Brevísima presentación

La vida

Gonzalo de Berceo (Berceo, Logroño, 1195-d. 1264). España.

Pertenece a la tradición literaria llamada «mester de clerecía», integrada por eclesiásticos y hombres de letras. Se educó en el monasterio de San Millán de la Cogolla (La Rioja), en el que ofició como clérigo secular, y fue más tarde diácono (c. 1120) y presbítero (c. 1237).

Vida de Sancta Oria, virgen

1. En el nombre de el Padre que nos quiso criar,
E de don Ihesu Christo que nos vino salvar,
E del Spiritu Sancto lumbre de confortar,
De una Sancta Virgen quiero versificar.

2. Quiero en mi veger, maguer so ya cansado,
De esta sancta Virgen romanzar su dictado,
Que Dios por el su ruego sea e mi pagado,
E non quiera venganza tomar del mi pecado.

3. Luego en el comienzo e en la primería
A ella merçet pido, ella sea mi guia,
Ruegue a la Gloriosa Madre Sancta Maria,
Que sea nuestra guarda de noche e de dia.

4. Essa Virgen preçiosa de quien fablar solemos,
Fue de Villa Vellayo, segunt lo que leemos:
Amunna fue su madre, escrito lo tenemos,
Graçía (Garcia) fue el padre, en letra lo avemos.

5. Munno era su nombre, omne fue bien letrado,
Sopo bien su façienda: el fizo el dictado,
Haviagelo la madre todo, bien razonado,
Que non queria mentir por un rico condado.

6. De suso la nombramos, acordarvos podedes,
Emparedada era, yaçia entre paredes,
Havia vida lazrada qual entender podedes,
Si su vida leyerdes, asi lo probaredes.

7. Sanctos fueron sin dubda e iustos los parientes,
Que fueron de tal fixa engendrar meresçientes:
De ninnes façia ella fechos muy convenientes,
Estaban maravilladas ende todas las gentes

8. Commo diçe del apostol Sant Paulo la lection
Fue esta sancta Virgen vaso de oraçion,
Ca puso Dios en ella cumplida bendiçion,
E vido en los çielos mucha grant vision.

9. Bien es que bos digamos luego en la entrada
Qual nombre li pusieron quando fue baptizada
Commo era preçiosa mas que piedra preçiada
Nombre habia de oro, Oria era llamada.

10. Havemos en el prologo mucho detardado,
Sigamos la estoria, esto es aguisado,
Los dias son non grandes, anocheçerá privado
Escribir en tiniebra es un mester pesado.

11. Fue de Villa Vellayo Amunna natural,
El su marido sancto, Gracía otro tal,
Siempre en bien punaron, partieronse de mal,
Cobdiçiaban la graçia de el Rey çelestial.

12. Omnes eran catolicos, vivian vida derecha,
Daban a los sennores a cada uno su pecha,
Non fallaba en ellos el diablo retrecha,
El que todas sazones a los buenos açecha.

13. Nunca querian sus carnes mantener a grant
viçio,
Ponian toda femençia en fer a Dios serviçio,
Esso avian por pascua e por muy grant deliçio,
A Dios ponian delante en todo su offiçio.

14. Rogaban a Dios siempre de firme corazon
Que lis quissiese dar alguna criazon,
Que para el su serviçio fuese, que para al non,
E. siempre meiorase esta devoçion.

15. Si lis dió otros fixos non lo diçe la leyenda:
Mas diolis una fixa de spiritual façienda,
Que hovo con su carne baraia e contienda,
Por consentir al cuerpo nunca soltó la rienda.

16. Apriso las costumbres de los buenos parientes,
Quanto li castigaban ponia en ello mientes,
Con ambos sus labriellos apretaba sus dientes,
Que non saliessen dende palabras
desconvenientes.

17. Quiso seer la madre de mas aspera vida,
Entró emparedada de çeliçio vestida,
Martiriaba sus carnes a la mayor medida,
Que non fuese la alma del diablo vençida.
18. Si ante fuera buena, fue despues muy meyor,
Plaçia su serviçio a Dios nuestro sennor,
Los pueblos de la tierra façianli grant honor,
Salía a luengas tierras la su buena loor.

19. Dexemos de la madre, en la fixa tornemos,

Essas laudes tengamos cuyas bodas comemos:
Si nos cantar sopieremos, grant materia tenemos,
Menester nos será todo el seso que avemos.

20. Desque mudó los dientes, luego a pocos annos
Pagabase muy poco de los seglares pannos:
Vistió otros vestidos de los monges calannos,
Podrían valer pocos dineros los sus peannos.

21. Desamparó el mundo Oria toca negrada,
En un rencon angosto entró emparedada,
Sofria grant astinençia, vivía vida lazrada,
Pon onde ganó en cabo de Dios rica soldada.

22. Era esta reclusa vaso de caridat,
Templo de paçiençia e de humildat,
Non amaba oír palabras de vanidat,
Luz era e confuerto de la su veçindat.

23. Porque angosta era la emparedaçion,
Teniala por muy larga el su buen corazon:
Siempre rezaba psalmos e façia oraçion,
Foradaba los çielos la su devoçion.

24. Tanto fue Dios pagado de las sus oraçiones
Que li mostró en çielo tan grandes visiones
Que debian a los omnes cambiar los corazones:
Non las podrían contar palabras nin sermones.

25. Terçera noche era despues de Navidat,
De Sancta Eugenia era festividat,
Vido de visiones una infinidat,

Onde pareçe que era plena de sanctidat.

26. Despues de las matinas leida la lecçion
Escuchola bien Oria con grant devoçion:
Quiso dormir un poco, tomar consolaçion,
Vido en poca hora un grant vision.

27. Vido tres sanctas virgines de grant auctoridat,
Todas tres fueron martires en poquiella edat,
Agata en Catanna essa rica çiudat,
Olalia en Melerida ninna de grant beldat.

28. Çeçilia fue terçera, una martir preçiosa
Que de don Ihesu Christo quiso seer esposa:
Non quiso otra suegra sinon la Gloriosa
Que fue mas bella que nin lilio nin rosa.

29. Todas estas tres virgines que avedes oidas,
Todas eran iguales de un color vestidas:
Semeyaba que eran en un dia naçidas,
Luçian commo estrellas, tanto eran de bellidas.

30. Estas tres sanctas virgines en çielo coronadas
Tenian sendas palombas en sus manos alzadas,
Mas blancas que las nieves que non son coçeadas:
Paresçia que non fueran en palombar criadas.

31. La ninna que iaçia en paredes çerrada
Con esta vision fue mucho embargada;
Pero del Spiritu Sancto fue luego conortada:
Demandólis qui eran, e fue bien aforzada.

32. Fablaronli las virgines de fermosa manera,
Agatha e Eolalia, Çeçilia la terçera:
Oria, por ti tomamos esta tan grant carrera:
Sepas bien que te tengas por nuestra compannera.

33. Combidarte venimos, nuestra hermana,
Embianos don Christo, de quien todo bien mana,
Que subas a los çielos, e que veas que gana
El serviçio que façes e la saya de lana.

34. Tu mucho te deleitas en las nuestras passiones,
De amor e de grado leies nuestras razones,
Queremos que entiendas entre las visiones
Qual gloria reçibiemos, e quales galardones.

35. Respondió la reclusa que avia nombre Oria:
Yo non seria digna de veer tan grant gloria;
Mas si me reçibiesedes vos en vuestra memoría,
Alla seria complida toda la mi estoria.

36. Fixa, dixo Ollallia, tu tal cosa non digas,
Ca as sobre los çielos amigos e amigas:
Asi mandas tus carnes, e assi las aguissas
Que por subir a los çielos tu digna te predigas.

37. Resçibe este conseio, la mi fixa querida,
Guarda esta palomba, todo lo al olvida:
Tu ve do ella fuere, non seas deçebida,
Guiate por nos, fixa, ca Christus te combida.

38. Oiendo este conseio que Olalia li daba,
Alzó Oria los oios, arriba onde estaba,

Vido una columna, a los çielos pujaba,
Tanto era de enfiesta que aves la cataba.

39. Avia en la coluna escalones e gradas:
Veer solemos tales en las torres obradas:
Yo sobi por algunas, esto muchas vegadas
Por tal suben las almas que son aventuradas.

40. Moviose la palomba, comenzó de volar,
Suso contra los çielos comenzó de pujar:
Catabala don Oria donde iria a posar,
Non la podia por nada de voluntat sacar.

41. Empezaron las virgines lazradas a sobir,
Empezolas la duenna reclusa a seguir:
Quando don Oria cató Dios lo quiso complir,
Fue puia ensomo por verdat vos deçir.

42. Quando dormia Iacob çerca de la carrera,
Vido sobir los angeles por una escalera:
A esta reluçia ca obra de Dios era,
Entonçe perdió la pierna en essa liz veçera.

43. Ya eran, Deo graçias, las virgines ribadas,
Eran de la columpna ensomo aplanadas,
Vieron un buen arbol, çimas bien compasadas,
Que de diversas flores estaban bien pobladas.

44. Verde era el ramo de foyas bien cargado,
Façia sombra sabrosa e logar muy temprado,
Tenia redor el tronco maravilloso prado,
Mas valia esso solo que un rico regnado.

45. Estas quatro donçellas ligeras mas que viento
Ovieron con este arbol plaçer e pagamento:
Subieron en él todas, todas de buen taliento,
Ça avian en él forgura en él grant cumplimiento.

46. Estando en el arbol estas duennas contadas,
Sus palomas en manos alegres e pagadas,
Vieron en el çielo finiestras foradadas,
Lumbres salian por ellas, de duro serian contadas.

47. Salieron tres personas por essas aberturas,
Cosas eran angelicas con blancas vestiduras,
Sendas vergas en manos de preçiosas pinturas,
Vinieron contra ellas en humanas figuras.

48. Tomaron estas virgines estos sanctos varones
Commo a sendas pennolas en aquellos bordones:
Pusieronlas mas altas en otras regiones,
Alla vidieron muchas honradas proçessiones.

49. Don Oria la reclusa de Dios mucho amada,
Commo la ovo ante Olalia castigada,
Catando la palomba commo bien acordada
Subió en pos las otras a essa grant posada.

50. Puyaba a los çielos sin ayuda ninguna,
Non li façia embargo, nin el Sol, nin la Luna,
A Dios havia pagado por manera alguna,
Si non, non subria tanto la fixa de Amunna.

51. Entraron por el çielo que abierto estaba,

Alegróse con ellas la corte que y moraba;
Plógolis con la quarta que las tres aguardaba,
Por essa serraniella menos non se preçiaba.

52. Apareçiolis luego una muy grant companna,
En vestiduras albas fermosas por fazanna:
Semeioli a Oria una cosa estranna,
Ca nunca vido cosa de aquesta su calanna.

53. Preguntó a las otras la de Villa Vellayo:
Deçitme, qué es esto por Dios e Sant Pelayo?
En el mi corazon una grant dubda trayo:
Meior paresçen estos que las flores de mayo.

54. Dixeronli las otras: oye, fixa querida,
Colonges fueron estos, omnes de sancta vida;
Tuvieron en el mundo la carne apremida,
Agora son en gloria en letiçia complida.

55. Conosçio la fixa buenos quatro varones,
Los que nunca vi diera en ningunas sazones:
Bartolomeo ducho de escribir passiones,
Don Gomes de Masiella, que daba bien raçiones

56. Don Xemeno terçero un veçino leal,
De el barrio de Vellayo fue esti natural:
Galindo su criado, qual él, bien otro tal,
Que sopo de bien mucho e sabia poco mal.

57. Fueron mas adelante en esa romeria,
Los martires delante, la freira en su guia,
Aparesçiolis otra asaz grant compannia,

De la de los colonges avia grant meioria.

58. Todos vestian casullas de preçiosas colores,
Blagos en las siniestras commo predicadores,
Caliçes en las diestras de oro muy meiores,
Semeiaba ministros de preçiosos sennores.

59. Demandó la serrana, qué eran esta cosa?
Qué proçesion es esta tan grant e tan preçiosa?
Dixeronli las martires respuestas muy sabrosa:
Obispos fueron estos siervos de la Gloriosa.

60. Porque daban al pueblo beber de buen castigo,
Por ende tienen los caliçes cada uno consigo:
Refirian con los quentos al mortal enemigo
Que engannó a Eva con un astroso figo.

61. Conoçió la reclusa en essa proçession
Al obispo don Sancho, un preçioso varon:
Con él a don Garcia su leal compannon
Que sirvió a don Christo de firme corazon.

62. Dixeronli las martires a Oria la serrana:
El obispo don Gomez non es aqui, hermana:
Peroque trayo mitra fue cosa muy llana,
Tal fue commo el arbol que floreçee non grana.

63. Visto este convento, esta sancta mesnada,
Fue a otra comarca esta freyra levada:
El coro de las virgines proçesion tan honrrada
Salieron resçibirla de voluntat pagada.

64. Salieron reçibirla con responsos doblados,
Fueron abrazarla con los brazos alzados:
Tenian con esta novia los corazones bien pagados,
Non fiçieran tal gozo annos havia passados.

65. Embargada fue Oria con el reçibimiento,
Ca tenia que non era de tal mereçimiento:
Estaba atordida en grant desarramiento;
Pero nunca de cosas ovo tal pagamiento.

66: Si del Rey de la gloria li fuese otorgado,
Finearia con las virgines de amor e de grado:
Mas aun esi tiempo non era allegado
Para reçibir soldada de el lazerio passado.

67. El coro de las virgines una fermosa az
Dieronli a la freyra todas por orden paz:
Dixeronli: contigo mucho nos plaz:
Para en esta companna digna eres assaz.

68. Esto por nuestro merito nos non lo
ganariemos,
Esto en que somos, nos non lo mereçiemo;
Mas el nuestro Esposo a quien voto fiçiemoS
Fizonos esta graçia porque bien lo quisiemos.

69. Oria, que ante estaba mucho embergonzada,
Con estos dichos buenos fizose mas osada:
Preguntó a las virgines esa sancta mesnada
Por una su maestra que la ovo criada.

70. Una maestra ovo de muy sancta vida,

Urraca li dixeron muger buena complida,
Emparedada visco una buena partida,
Era de la maestra Oria muy querida.

71. Preguntolis por ella la freyra que oydes:
Deçitme, mis sennoras, por Dios, a qui servides,
Urraca es en estas las que aqui venides?
Grant graçia me faredes, si esto me deçides.

72. Mi ama fue al mundo esta por quien demando,
Lazrró conmigo mucho, e a mi castigando,
Querria yo que fuesse en esti vuestro vando,
Por su deudor me tengo durmiendo, e velando.

73. Dixeronli las virgines nuevas de grant sabor:
Esa que tu demandas, Urraca la seror,
Compannera es nuestra e nuestra morador:
Con Iusta su disçipula sierva del Criador.

74. Ruegovos, dixo Oria, por Dios que la llamedes:
Si me la demostrardes, grant merçet me faredes:
Io por la su doctrina entré entre padredes,
Io ganaré y mucho, nos nada non perdredes.

75. Clamaronla por nombre las otras
companneras,
Respondiolis Urraca a las voçes primeras:
Conçió la voz Oria, entendió las senneras;
Mas ver non la podio por ningunas maneras.

76. La az era muy luenga, eso la embargaba,
Que non podia verla, ca en cabo estaba:

Levola a delante la voz que la guiaba,
Pero a la maestra nunca la olvidaba.

77. En cabo de las virgines, toda la az pasada
Falló muy rica siella de oro bien labrada:
De piedras muy preçiosas toda engastonada,
Mas estaba vaçia e muy bien seellada.

78. Vedia sobre la siella muy rica açitára,
Non podria en este mundo cosa ser tan clara:
Dios solo faz tal cosa que sus siervos empara,
Que non podria comprarla toda alfoz de Lara.

79. Una duenna hermosa de edat mançebiella
Voxmea havia nombre, guardaba esta siella:
Daria por tal su reyno el rey de Castiella,
E seria tal mercado que seria por fabliella.

80. Alzó Oria los oios escontra aquilon,
Vido grandes compannas, fermosa criazon:
Semeiaban vestidos todos de vermeion,
Preguntó a las otras: estos que cosas son?

81. Dixeronli las virgines que eran sus guionas,
Todos estos son martires, unas nobles personas,
Dexaronse matar a golpes de azconas,
Ihesu Christo por ende diolis ricas coronas.

82. Alli es Sant Estevan el que fue apedreado,
Sant Lorente el que Çesar ovo despues asado,
Sant Viçente el caboso de Valerio criado:
Mucho otro buen lego, mucho buen ordenado.

83. Vido mas adelante en un apartamiento
De sanctos hermitannos un preçioso conviento,
Que sufrieron por Christo mucho amargo viento
Por ganar a las almas vida e guarimiento.

84. Conosçió entre todos un moge ordenado:
Monio li dixeron, commo diz el dictado:
A otro su disçipulo, Munno era llamado,
Que de Valvanera fue abat consagrado.

85. Y vido a Galindo en esa compannia,
Ladrones lo mataron en la hermitannia:
y vido a su padre que llamaban Garçia,
Aquelli que non quiso seguir nulla folia.

86. Vido a los apostolos mas en alto logar,
Cada uno en su trono en que debia jusgar:
A los evangelistas y los vido estar,
La su claridat omne non la podrie contar.

87. Estos son los nuestros padres cabdiellos
generales,
Prinçipes de los pueblos, son omnes prinçipales,
Ihesu Christo fue papa, estos los cardenales,
Que sacaron de el mundo las serpientes mortales.

88. Commo asmaba Oria a su entendimiento,
Oió fablar a Christo en esse buen conviento;
Mas non podio veerlo a todo su taliento,
Ca bien lieve non era de tal mereçimiento.

89. Dexemos lo al todo, a la siella tomemos,
La materia es alta, temo que pecaremos;
Mas en esto culpados nos seer non debemos,
Ca al non escribimos, si non lo que leemos.

90. De suso lo dixiemos, la materia lo daba,
Voxmea avia nombre la que la siella guardaba
Commo rayos de el Sol, assi relampagaba.
Bien fue felix la alma para quien estaba.

91. Vistia esta mançeba preçiosa vestidura,
Mas preçiosa que oro, mas que la seda pura;
Era sobresennada de buena escritura,
Non cubrió omne vivo tan rica cobertura.

92. A vie en ella nombres de omnes de grant vida,
Que sirvieron a Christo con voluntat complida;
Pero de los reclusos fue la mayor partida
Que domaron sus carnes a la mayor medida.

93. Las letras de los iustos de mayor sanctidat
Pareçian mas leybles de mayor claridat:
Los otros mas sorienda de menor claridat
Eran mas tenebrosas de grant obscuridat.

94. Non se podia la freyra de la siella toller:
Dixole a Voxmea que lo querria saber:
Este tan guant adobo cuyo podria ser?
Ca non seria por nada comprado por haver .

95. Respondioli Voxmea, dixoli buen mandado,
Amiga, bien has fecho e bien has demandado;

Todo esto que vees a ti es otorgado,
Ca es del tu serviçio el Criador pagado.

96. Todo esti adobo a ti es comendado,
El solar e la siella, Dios sea ende laudado,
Si non te lo quitare conseio del pecado
El que hizo a Eva comer el mal bocado.

97. Si commo tu me diçes, dixoli Sancta Oria.
A mi es prometida esta tamanna gloria,
Luego en esti talamo querria ser novia;
Non querria de el oro tornar a la escoria.

98. Respondioli la otra commo bien razonada:
Non puede seer esto, Oria, esta vegada,
De tomar as a el cuerpo, yaçer emparedada,
Fasta que sea toda tu vida acabada.

99. Las tres martires sanctas que con ella vinieron
En ninguna sazon de ella non se partieron;
Siempre fueron con ella, con ella andidieron
Fasta que a su casa misma la tragieron.

100. Rogó a estas sanctas de toda voluntat
Que rogassen por ella al Rey de maiestat,
Que gelo condonase por la su piedat
De fincar con Voxmea en essa heredat.

101. Rogaron a Dios ellas quanto meior supieron,
Mas lo que pedia ella ganar non lo podieron:
Fabloles Dios de el çielo, la voz bien la oieron,
La su majestat grant; pero non la vieron.

102. Dixolis: piense Oria de ir a su logar,
Non vino tiempo aun de aqui habitar:
Aun ave un poco el cuerpo a lazrar,
Despues verná el tiempo de la siella cobrar.

103. Sennor, dixo, e padre, peroque non te veo,
De ganar la tu graçia siempre ovi desseo:
Si una vez salliero del solar en que seo,
Non tomaré y nunca segun lo que yo creo.

104. Los çielos son mucho altos, yo pecadriz
mezquina,
Si una vez tornaro en la mi calabrina,
Non fallare en el mundo sennora nin madrina,
Por qui yo esto cobre nin tarde nin ayna.

105. Dixoli aun de cabo la voz del Criador:
Oria, del poco merito non ayas temor:
Con lo que has lazrado ganesti el mi amor,
Quitar non te lo puede ningun escantador.

106. Lo que tu tanto temes e estás desmedrida,
Que los çielos son altos, enfiesta la subida,
Io te los faré llanos, la mi fixa querida,
Que non havrás embargo en toda tu venida.

107. De lo que tu temes non serás embargada,
Non abrás nul embargo, non te temas por nada:
Mi fixa, benedicta vaias e sanctiguada,
Torna a tu casiella, reza tu matinada.

108. Tomaronla las martires que ante la guiaron
Por essa escalera por la que la levaron.
En muy poquiello rato al cuerpo la tornaron,
Espertó ella luego que ellas la dexaron.

109. Abrió ella los oios, cató enderredor,
Non vido a las martires, ovo muy mal sabor:
Vidose alongado de muy grant dulzor,
Havia muy grande cuyta e sobeio dolor.

110. Non cuidaba veer la hora nin el dia
Que podiese tornar a essa confradia:
Doliase de la siella que estaba varçia,
Siella que Dios fiçiera a tan grant maestria.

111. Por estas visiones la reclusa don Oria
Non dió en si entrada a nulla vanagloria:
Por amor de la alma non perder la victoria
Non façia a sus carnes nulla misericordia.

112. Martiriaba las carnes dandolis grant laçerio,
Complia dias e noches todo su ministerio:
Ieiunios e vigilias e rezar el psalterio,
Queria a todas guisas seguir el Evangelio.

113. El Rey de los reyes, sennor de los sennores,
En cuya mano iaçen justos e pecadores,
Quiso sacar a Oria de estos baticores,
E ferla compannera de compannas meiores.

114. Once meses, sennores, podrie haber pasados
Desque vido los pleitos que avemos contados:

De sanctos e de sanctas conventos mucho
onrrados,
Mas non los havia Oria encara olvidados.

115. En esi mes onçeno vido grant vission,
Tan grande commo las otras las que escritas son:
Non se partia Dios de ella en ninguna sazon,
Ca siempre tenia ella en el su corazon.

116. Terçera noche ante de el martir Saturnino
Que cae en noviembre de Sant Andres veçino,
Vinoli una graçia, meior nunca le vino,
Mas dulçe e mas sabrosa era que pan nin vino.

117. Seria la meatat de la noche pasada,
Avia mucho velado, Oria era cansada,
Acostose un poco flaca e muy lazrada,
Non era la camenna de molsa ablentada.

118. Vido venir tres virgines, todas de una guisa,
Todas venian vestidas de una blanca frisa
Nunca tan blanca vido nin toca nin camisa,
Nunca tal cosa ovo nin Genua nin Pisa.

119. Ende a poco rato vino Sancta Maria,
Vinolis a las virgines gozo e alegria,
Commo con tal sennora todas havian buen dia,
Alli fue adonada toda la confradria.

120. DixeronIi a Oria: tu que yaçes sonnosa,
Levantante y reçibe a la Virgen gloriosa,
Que es Madre de Christo e fixa e esposa:

Serás mal acordada si façes otra cosa.

121. Respondiolis la freira con grant humildat:
Si a ella ploguiesse pora la su piadat
Que yo llegar podiesse a la su maiestat,
Cadria a sus pie des de buna voluntat.

122. Aves avia don Oria el vierbo acabado
Plegó la Gloriosa: Dios tan buen encontrado!
Relumbró la confita de relumbor doblado:
Qui oviese tal huespeda seria bien Venturado.

123. La Madre benedicta de los çielos sennora
Mas fermosa de mucho que non es la aurora,
Non lo puso por plazo nin sola una hora,
Fue luego abrazarla a Oria la serora.

124. Ovo en el falago Oria grant alegria:
Preguntola si era ella Sancta Maria:
Non ayas nulla dubda, dixol, fijuela mia:
Yo so la que tu ruegas de noche e de dia.

125. Yo so Sancta Maria la que tu mucho quieres,
Que saqué de porfazo a todas las mugieres:
Fixa, Dios es contigo: si tu firme estovieres,
Irás a grant riqueza, fixa, quando morieres.

126. Todas eran iguales de una calidat,
De una captenençia e de una edat:
Ninguna a las otras non vençia de bondat,
Trahian en todas cosas todas tres igualdat.

127. Trahian estas tres virgines una noble lechiga,
Con adobos reales non pobres nin mendiga:
Fablaronli a Oria de Dios buena amiga:
Fixa, oy un poco, si Dios te bendiga.

128. Lievate de la tierra que es fria e dura,
Subi en este lecho, yazrás mas en mollura:
E aqui la reyna, de esto sei segura,
Si te falla en tierra avrá de ti rencura.

129. Duennas, dixolis Oria, non es eso derecho,
Para vieio e flaco conviene este lecho:
Yo valiente so e ninna por sofrir todo fecho:
Si yo y me echase, Dios avria ende despecho.

130. Lecho quiero yo aspero de sedas aguijosas.
Non merçen mis carnes iaçer tan viçiosas:
Por Dios que non seades en esto porfidiosas,
Para muy grandes omnes son cosas tan preçiosas.

131. Tomaronla las virgines dandol grandes
sosanrnos.
Echaronla a Oria en esos ricos pannos:
Oria con grant cochura daba gemidos estrannos,
Ca non era vezada de entrar en tales bannos.

132. Luego que fue la freira en el lecho echada
Fue de bien grandes lumbres la çiella alumbrada,
Fue de virgines muchas en un rato poblada,
Todas venian honrrarla a la emparedada.

133. Madre, dixoli Oria, si tu eres Maria,

De la que fabló tanto el varon Isaia,
Por seer bien çertera algun signo queria
Porque segura fuese que salvarme podria.

134. Dixol la Gloriosa: Oria, la mi lazrada,
Que de tan luengos tiempos eres emparedada,
Io te daré un signo, sennal buena probada:
Si la sennal vidíeres, estonçe serás pagada
. . . . . .[1]

135. Esto ten tu por signo por çertera senal:
Ante de pocos días enfermaras muy mal,
Serás fuerte embargada de enfermedat mortal,
Qual nunca la oviste, terrasla bien por tal.

136. Veraste en grant quexa, de muerte serás
cortada,
Serás a pocos dias desti mundo passada,
Irás do tu cobdiçias a la silla honrrada,
La que tiene Voxmea para ti bien guardada.

137. En cuita yaçia Oria dentro en su casiella,
Estaba un grant conviento de fuera de la çiella,
Rezando su psalterio cada uno en su siella,
E non tenia ninguno enjuta la maxiella.

138. Iaçiendo la enferma en tal tribulaçion,
Maguera entre dientes façia su oraçion:
Queria batir sus pechos, mas non habia sazon,
Pero queria la mano alzar en esi son.

---

1   Aquí falta una hoja en los códices del monasterio de San Millán.

139. Traspósose un poco, ca era quebrantada,
Fue a monte Olivete en vision levada,
Vido y tales cosas de que fue saborgada,
Si non la despertasen, cuidó seer folgada.

140. La madre en la rabia non se podia folgar,
Ca todos se cuidaban que se queria pasar:
Metiose en la casa por la cosa probar,
Comenzó de traherla, ovo de despertar.

141. Vido redor el monte una bella anchura,
En ella de olivos una grant espesura,
Cargados de olivas mucho sobre mesura,
Podria vevir so ellos omne a grant folgura.

142. Vido por esa sombra muchas gentes venir,
Todas venian gradosas a Oria resçebir,
Todas bien aguisadas de calzar e de vestir,
Querian si fuese tiempo, al çielo la sobir.

143. Eran estas compannas de preçiosos varones,
Todos vestidos eran de blancos çiclatones,
Semeiaban de angeles todas sus guamiçiones:
Otras tales vidieran en algunas sazones.

144. Vida entre los otros un omne ançiano,
Don Sancho li dixeron, varon fue masellano,
Nunca lo ovo visto nil tánso de la mano;
Pero la sierraniella conoçió al serrano.

145. Con esto la enferma ovo muy grant pesar,
En aquella sazon non querria espertar,

Ca estaba en grant gloria en sabroso logar,
E cuydaba que nunca alla podria tomar.

146. Aviales poco grado a los despertadores,
Siquiera a la madre, siquiera a los serores.
ca estaba en grant gloria entre buenos sennores,
Que non sentia un punto de todos los dolores.

147. Diçia entre los dientes con una voz cansada:
Monte Olivete, monte Olivete, ca non diçia al
nada:
Non gelo entendia nadi de la su posada,
Ca non era la voz de tal guisa formada.

148. Otras buenas mugieres qui çerca li sedien,
Vidian que murmuraba, mas non la entendien:
Por una maravilla esta cosa havien,
Estaban en grant dubda si era mal o bien.

149. La madre de la duenna fizo a mi clamar,
Fizome en la casa de la fija entrar.
lo que la afincasse si podiesse fablar,
Ca quiera deçir algo, non la podían entrar.

150. Dixeronli a ella quando yo fui entrado:
Oria, abre los oios, e oirás buen mandado:
Reçibe a don Munno el tu amo honrrado
Que viene despedirse del tu buen gasaiado.

151. Luego que oió este mandado Oria,
Abrió ambos los oios, entró en su memoria,
E dixo: ay mesquina! estaba en grant gloria,

Porque me despertaron so en grant querimonia.

152. Si solo un poquiello me oviesen dexada,
Grant amor me fiçieran, seria terminada,
Ca entre tales omnes era yo arribada
Que contra los sus bienes el mundo non es nada.

153. Ovo de estas palabras don Munno mucho plaçer:
Amiga, dixo, esto faznoslo entender:
Bien non lo entendemos, querriamoslo saber,
Esto que te rogamos tu debeslo façer.

154. Amigo, dijo ella, non te mintré en nada,
Por façer el tu ruego mucho so adebdada,
A monte Oliveti fui en vlssion levada,
Vidi y tales cosas por qui so muy pagada.

155. Vidi y logar bueno sobra buen arbolado,
El fruto de los arboles non seria preçiado,
De campos grant anchura, de flores grant mercado,
Guarria la su olor a omne entecado.

156. Vidi y grandes gentes de personas honrradas,
Que eran bien vestidas todas, e bien calzadas,
Todas me reçibieron con laudes bien cantadas,
Todas eran en una voluntat acordadas.

157. Tal era la companna, tal era el logar;
Omne que y morase nunca veria pesar:
Si oviesse mas un poco y estar,

Podría muchos bienes ende acarrear.

158. Dixol Munno a Oria: cobdiçias allá ir?
Dixol a Munno Oria: yo si, mas que vivir:
E tu non perdrias nada de conmigo venir:
Dixol Munno: quisiesselo eso Dios consentir.

159. Con sabor de la cosa quisose levantar,
Commo omne que quiere en carrera entrar:
Dixoli Munno: Oria fuelga en tu logar,
Non es agora tiempo por en naves entrar.

160. En esta pleitesía non quiero detardar;
Si por bien lo tovierdes, quierovos detaiar,
A la fin de la duenna me quiero acostar,
Levarla a la siella, despues ir a folgar.

161. El mes era de marzo la segunda semana
Fiesta de Sant Gregorio de Leandre cormana
Hora quando los omnes façen meridiana,
Fue quexada la duenna que siempre vistia lana.

162. La madre de la duenna, cosa de Dios amada,
El duelo de la fixa estaba muy lazrada:
Non dormiera la noche, estaba apesgada,
Lo que ella comia non era fascas nada.

163. Yo Munno e don Gomez çellerer de ellogar
Oviemos a Amunna de firmes a rogar
Que fuese a su lecho un poquiello a folgar,
Ca nos la guardariamos, si quisiesse passar.

164. Quanto fue acostada fue luego adormida,
Un vision vido que fue luego complida:
Vido a su marido omne de sancta vida,
Padre de la reclusa que yaçia mal tanida.

165. Vido a don Garçia que fuera su marido,
Padre era de Oria, bien ante fue transido:
Entendió bien que era por la fixa venido,
E que era sin dubda el su curso complido.

166. Preguntóli Amunna, decitme, don Garçia,
Quál es vuestra venida? yo saberlo querria:
Si vos vala don Christo, Madre Sancta Maria,
Deçitme de la fixa si verá cras el dia.

167. Sepas, dixo Garçia, fagote bien çertera,
çerca anda del cabo Oria de la carrera:
Cuenta que es finada, ca la hora espera,
Es de las sus iornadas esta la postremera.

168. Vido con don Garçia, tres personas seer
Tan blancas que nul omne non lo podria creer:
Todas de edat una e de un paresçer,
Mas non fablaban nada nin querian signas fer.

169. Despierta fue Amunna, la vission pasada,
Si ante fue en cuita, despues fue mas coitada,
Ca sabia que la fixa seria luego pasada,
-E q. ue fincaria ella triste e dessarrada.

170. Non echó esti suenno la duenna en olvido
Nin lo que li dixiera Garçia su marido:

Recocontogelo todo a Munno su querido:
El decorólo todo commo bien entendido.

171. Bien lo decoró eso commo todo lo al,
Bien gelo contó ella, non lo aprendió el mal,
Por ende de la su vida fizo libro caudal:
Yo ende lo saque esto de esi su misal.

172. Conjurola Amunna a su fixuela Oria:
Fixa, si Dios vos lieve a la su sancta gloria,
Si vision vidiestes o alguna historia,
Deçitmelo demientre avedes la memoria.

173. Madre, dixo la fixa, qué me afincades tanto?
Dexatme, si vos vala Dios el buen padre sancto:
Asaz tengo en mi laçerio e quebranto:
Mas me pesa la lengua que un pesado canto.

174. Queredes que vos fable, yo non puedo fablar:
Veedes que non puedo la palabra formar:
Madre, si me quisierdes tan mucho afincar,
Ante de la mi hora me puedo enfogar.

175. Madre, si Dios quisiesse que pudiese vevir,
Aun asaz tenia cosas que vos deçir;
Mas quando non lo quiere el Criador sofrir,
Lo que a él ploguiere es todo de sofrir.

176. Fuel viniendo a Oria la hora postremera:
Fuese mas aquejando, a boca de noche era;
Alzó la mano diestra de fermosa manera:
Fizo cruz en su fruente, sanctiguó su mollera.

177. Alzó ambas las manos, juntólas en igual,
Commo qui riende graçias al buen Rey espiritual:
Çerró oios e boca la reclusa leal:
Rindió a Dios la alma, nunca mas sintió mal.

178. Avia buenas compannas en essi pasamiento,
El buen abat don Pedro persona de buen tiento,
Monges e hermitannos, un general conviento,.
Estos façian obsequio e todo complimiento.

179. Fue esti sancto cuerpo rica-mente guardado,
En sus pannos de orden rica-mente aguisado:
Fue muchas de vegadas el psalterio rezado:
Non se partieron de elli fasta fue soterrado.

180. Si entender queredes toda çertanidat,
Do yaçe esta duenna de grant sanctidat,
En Sant Millan de suso, esta es la verdat:
Faganos Dios por ella merçet e caridat.

181. Çerca de la iglesia es la su sepultura,
A pocas de pasadas en una angostura,
Dentro en una cueba so una piedra dura,
Commo mereçia ella, non de tal apostura.

182. La fija e la madre amba, de sancta vida,
Commo ovieron siempre grant amor e complida,
En la muerte y todo non an cosa partida,
Çerca yaçe de Oria Amunna sepelida.

183. Cuerpos son derecheros que sean adorados,

Ca sufrieron por Christo laçerios muy granados:
Ellas fagan a Dios ruegos multiplicados
Que nos salve las almas, perdone los pecados.

184. Gonzalo li dixeron al versificador,
Que en su portaleyo fizo esta labor:
Ponga en él su graçia Dios el nuestro sennor,
Que vea la su gloria en el reyno mayor.

185. Aun non me queria, sennores, espedir,
Aun fincan cosiellas que vos e de deçir:
La obra comenzada bien la quiero complir,
Que non aya ninguno porque me escarnir .

186. Desque murió la fixa sancta emparedada,
Andaba la su madre por ella fetillada:
Solo que la podiesse sonnar una vegada,
Teniase por guarida e por muy confortada.

187. Sopo Dios entender bien el su corazon,
Demostroli a Amunna una grant vission,
Que sopo de la fixa que era o que non:
Aun esso non finca de todo el sermon.

188. Cayó una grant fiesta un dia sennalado,
Día de çincuesma que es mayo mediado,
Ensonnó esta duenna un suenno desseado,
Por qual muchas vegadas ovo a Dios rogado.

189. Cantadas las matinas, la liçençia soltada,
Que fuesse quis quissiese folgar a su posada,
Acostósse un poco Amunna bien lazrada,

E luego ensonnó la su fixa amada.

190. Abrazaronse ambas commo façian en vida:
Fixa, dixo la madre, avedesme guarida:
Quiero que me digades qual es vuestra venida,
O si sodes en pena o sodes ende salida.

191. Madre, dixo la fixa, fiesta es general,
Commo es Resurection, o commo la Natal:
Oy prenden los christianos el çebo espiritual,
El cuerpo de don Christo mi sennor natural.

192. Pasqua es en que deben christianos comulgar,
Reçibir corpus domini sagrado en el altar.
Io essi quiero, madre, resçibir e tomar,
E tener mi carrera, allá me quiero andar.

193. Madre, si bien me quieres, e pro me quieres
buscar,
Manda llamar los clerigos, venganme comulgar,
Que luego me querría de mi grado tornar,
E nin poco nin mucho non querria tardar,

194. Fixa, dixo la madre, do vos queredes ir?
Madre, dixo la fixa, a los çielos sobir,
Sin razon me façes, fixa, quiero vos lo deçir,
Que tan luego queredes de mi vos despartir .

195. Mas fixa, una cosa vos quiero demandar:
Si en el pensamiento reçibiestes pesar?
O si vos dieron luego en el çielo logar?
O vos fiçieron ante a la puerta musar?

196. Madre, dixo la fixa, en la noche primera
Non entré al palaçio, non sé por qual manera.
Otro dia mannana abriome la portera,
Reçibieronme, madre, todos por compannera.

197. Fixa, en esa noche que entrar non podiestes,
Quién vos fizo companna mientre fuera
estoviestes?
Madre, las sanctas virgines que de suso oiestes:
Estovi en tal deliçio en qual nunca oyestes.

198. La Virgo gloriosa lo que me prometió,
Ella sea laudada, bien me lo guardó:
En el mi pensamiento de mi non se partió
De la su sancta graçia en mi mucha metió.

199. Otra cosa vos quiero, mi fixa, preguntar,
En qual compannia sodes, façetmelo entrar?
Madre, dixo la fixa, estó en buen logar,
Qual nunca por mi merito non podria ganar .

200. Entre loS inocentes so, madre, heredada,
Los que puso Erodes por Christo a espada,
Yo non lo merezria de seer tan honrrada;
Mas plógo a don Christo la su virtut sagrada.

201. Estas palabras dichas e muchas otras tales,
Oria la benedicta de fechos espiritales
Fuyoli a la madre de los oios corales,
Despertó luego ella, moyó los lagremales.

202. Vido sin estas otras muy grandes visiones,
De que formaria omne asaz buenas razones;
Mas tengo otras priesas de fer mis cabazones:
Quiero alzarme desto fasta otras sazones.

203. Qui en esto dubdare que nos versificamos,
Que non es esta cosa tal commo nos contamos,
Pecara dura-mientre en Dios que adoramos:
Ca non quanto deçimos, escrito lo fallamos.

204. El que lo escribió non dirá falsedat,
Que omne bueno era de muy grant sanctidat.
Bien conosçió a Oria, sopo su poridat:
En todo quanto dixo, dixo toda verdat.

205. De ello sopo de Oria, de la madre lo al,
De ambas era elli maestro muy leal,
Dios nos de la graçia el buen Rey Spirital
Que alla nin aqui nunca veamos mal. Amen.

. . . .

Libros a la carta

A la carta es un servicio especializado para
empresas,
librerías,
bibliotecas,
editoriales
y centros de enseñanza;
y permite confeccionar libros que, por su formato y concepción, sirven a los propósitos más específicos de estas instituciones.

Las empresas nos encargan ediciones personalizadas para marketing editorial o para regalos institucionales. Y los interesados solicitan, a título personal, ediciones antiguas, o no disponibles en el mercado; y las acompañan con notas y comentarios críticos.

Las ediciones tienen como apoyo un libro de estilo con todo tipo de referencias sobre los criterios de tratamiento tipográfico aplicados a nuestros libros que puede ser consultado en Linkgua-ediciones.com.

Linkgua edita por encargo diferentes versiones de una misma obra con distintos tratamientos ortotipográficos (actualizaciones de carácter divulgativo de un clásico, o versiones estrictamente fieles a la edición original de referencia).

Este servicio de ediciones a la carta le permitirá, si usted se dedica a la enseñanza, tener una forma de hacer pública su interpretación de un texto y, sobre una versión digitalizada «base», usted podrá introducir interpretaciones del texto fuente. Es un tópico que los profesores denuncien en clase los desmanes de una edición, o vayan comentando errores de interpretación de un texto y esta es una solución útil a esa necesidad del mundo académico.

Asimismo publicamos de manera sistemática, en un mismo catálogo, tesis doctorales y actas de congresos académicos, que son distribuidas a través de nuestra Web.

El servicio de «libros a la carta» funciona de dos formas.

1. Tenemos un fondo de libros digitalizados que usted puede personalizar en tiradas de al menos cinco ejemplares. Estas personalizaciones pueden ser de todo tipo: añadir notas de clase para uso de un grupo de estudiantes, introducir logos corporativos para uso con fines de marketing empresarial, etc. etc.

2. Buscamos libros descatalogados de otras editoriales y los reeditamos en tiradas cortas a petición de un cliente.

Printed in Poland
by Amazon Fulfillment
Poland Sp. z o.o., Wrocław

69305502R00028